Hans Peter Thiel/Milada Krautmann

Das will ich wissen

Wale und Delfine

Hans Peter Thiel
ist 1939 in Würzburg geboren. Er studierte Zeitungswissenschaften,
Geschichte und Germanistik und war viele Jahre als Journalist tätig.
Nach einigen Jahren als Sachbuchredakteur lebt er seit 1970 als freier
Schriftsteller in Tutzing.
1993 erhielt er für seine Verdienste um die Entwicklung und Gestaltung
von Kinderlexika den Großen Preis der Deutschen Akademie für
Kinder- und Jugendliteratur.

Milada Krautmann
hat ihre künstlerische Ausbildung an der Kunstgewerbehochschule in Prag
sowie in Brüssel und Paris erhalten. Sie arbeitet in den
verschiedensten Techniken. In dieser Reihe illustrierte sie bereits den Band
»Das will ich wissen – Katzen«.

Hans Peter Thiel

Das will ich wissen
Wale und Delfine

Mit Bildern von
Milada Krautmann

Arena

In neuer Rechtschreibung
***

Sonderausgabe 2008
© 1997 by Arena Verlag GmbH, Würzburg
Alle Rechte vorbehalten
Einband und Illustrationen: Milada Krautmann
Gesamtherstellung: Westermann Druck Zwickau GmbH
ISBN 978-3-401-06285-3

www.arena-verlag.de

Inhalt

Katrin kennt sich aus

In den großen Ferien darf Katrin
zu ihrer Tante nach Amerika.
Die Tante wohnt in einer Stadt
am blauen Ozean.
Katrin möchte unbedingt
die Delfinschau mit dem Killerwal sehen.
Also geht die Tante mit Katrin
in den Meereszoo.

»Er ist größer als ein Elefant«,
meint Katrin unterwegs.
Die Tante schaut ungläubig.
»Und er springt höher als ein Känguru!«,
sagt Katrin.
»Wer? Der Killerwal?«, fragt die Tante.
Das hätte sie besser nicht getan.
Denn nun legt Katrin erst richtig los:
»Das ist kein Killerwal,
sondern ein Schwertwal.
Eigentlich gar kein Wal,
sondern ein Delfin.
Aber alle Delfine
sind ja Wale.«
Katrin scheint alles über Wale zu wissen.

Im Meereszoo
gibt es ein großes Wasserbecken.
Katrin und die Tante setzen sich
ganz nach vorn.
Da geht es auch schon los:
Drei Delfine rauschen in das Becken.
»Das sind die Flipper!«, schreit Katrin.
Auf dem mittleren Delfin
steht eine Frau.
Sie lenkt die Tiere wie ein Pferdegespann.

Die Delfine schwimmen
immer im Kreis herum.
Nach fünf Runden
springt der mittlere Delfin plötzlich hoch.
Die Frau fliegt wie eine Rakete
durch die Luft.

8

»Oh!«, schreien die Zuschauer
und denken, ein Unglück ist geschehen.
Aber die Frau landet sicher
auf einer Plattform.
Alle klatschen begeistert in die Hände.

Auf einmal schnellen zwei Delfine
genau vor Katrin in die Höhe
und plumpsen wieder ins Wasser.
Eine gewaltige Wasserwelle
schwappt über den Beckenrand.

Die Tante und Katrin werden tropfnass.
Aber Katrin stört das kaum,
denn jetzt schwimmt Billi-Willi herein.
»Schau, da ist er!«, ruft sie.

Die Tante sieht nur ein schwarzes Dreieck
über der Wasserfläche.
Dann springt ein Mann
von der Plattform ins Becken.
»Das ist der Trainer«, sagt Katrin.
Da steigt keine fünf Schritte von ihr entfernt
ein schwarz-weißes Ungetüm
aus dem Wasser auf.
Katrin schreit: »Billi! Willi! Billi-Willi!«

Nicht schon wieder!,
denkt die Tante und duckt sich.
Dann hört sie ein Klatschen.
Diesmal spritzt das Wasser
auf der anderen Seite aus dem Becken.
Die Zuschauer kreischen vor Vergnügen.

Der Schwertwal ist nun wieder abgetaucht.
Auch sein Trainer ist verschwunden.
Plötzlich ist er wieder zu sehen:
Erst der Kopf, dann die Brust,
immer höher hebt Billi-Willi
ihn aus den Wellen.

Er balanciert den Trainer auf seiner Nase.
Zum Schluss stürzen beide
elegant wie Kunstspringer ins Wasser.

Billi-Willi rutscht nun auf die Plattform,
um sich den verdienten Lohn abzuholen.
Er sperrt sein rosarotes Maul auf
und – schwupp! –
ist ein Eimer voll Fische verschluckt.

Billi-Willi bedankt sich
und winkt zum Abschied
mit seiner riesigen Schwanzflosse.
Katrin winkt zurück.

Auf dem Heimweg ist Katrin ganz stumm,
so sehr ist sie noch beeindruckt.
»Das müssen aber dumme Tiere sein«,
sagt die Tante.
Sie ärgert sich immer noch
über ihr nasses Kleid.
»Stimmt gar nicht!«, widerspricht Katrin.
Die Tante fragt:
»Wie kann sich dann ein so riesiger Walfisch
in ein so kleines Becken einsperren lassen?«
Darauf weiß auch Katrin keine Antwort
und sie denkt:
Jetzt hat sie schon wieder
Walfisch gesagt!

Wale sind keine Fische

Natürlich hat Katrin recht:
Wale sind keine Fische,
auch wenn sie großen Fischen
ähnlich sehen.
Es sind Säugetiere
wie die Maus oder die Kuh.

Fische haben Schuppen.
Wale und Delfine dagegen
haben eine glatte Haut.

Fische schlüpfen aus Eiern.
Wale und Delfine
bringen lebende Junge zur Welt.

Fische atmen im Wasser mit Kiemen.
Wale und Delfine dagegen
haben Lungen wie ein Mensch.
Sie können unter Wasser nicht atmen.
Zum Luftholen
müssen sie immer wieder auftauchen.
Durch das Blasloch oben am Kopf
atmen sie Luft ein.
Dann tauchen sie ab.
Wale können bis zu einer Stunde
unter Wasser bleiben.
Und sie können viele
Hundert Meter tief tauchen.

Wenn sie wieder
an die Oberfläche kommen,
atmen sie aus.
Dann spritzt ein Dampfstrahl

Pottwal

Glattwal

in hohem Bogen aus ihrem Blasloch.
An diesem Strahl kann man die Wale
von Weitem erkennen
und voneinander unterscheiden.

Blauwal

Buckelwal

Große und kleine Wale

Es gibt achtzig verschiedene Arten
von Walen und Delfinen.
Sie leben in allen Meeren.
Kleinere Delfine
kommen sogar in Flüssen vor.
Der größte Wal ist der Blauwal.
Er wird so lang wie ein Flugzeug
und so schwer wie dreißig Elefanten.
Er ist das größte lebende Säugetier
auf der Erde.

18

Blauwale sind ganz friedlich.
Sie haben keine Zähne
und fressen keine Fische.

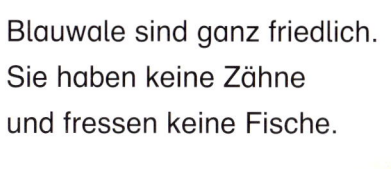

Ihre Nahrung besteht aus Krill.
Das sind kleine Krebse,
die im Wasser schweben.
Den Krill seihen die Wale
mit ihren Barten aus dem Wasser.
Diese meterlangen Fransen aus Horn
hängen wie ein Vorhang
im Maul der Blauwale.
Alle Wale mit Barten
nennen wir Bartenwale.

Die meisten Wale haben aber ein Gebiss.

Man nennt sie deshalb Zahnwale.

Ihre Zähne sind dreieckig und spitz.

Alle Delfine gehören zu den Zahnwalen.

Der größte Zahnwal ist der Pottwal.
Er taucht in große Tiefen
und man bekommt ihn nur selten
zu Gesicht.

Den Schwertwal sieht man viel öfter.
Er ist der größte Delfin
und wird etwa so lang wie ein Fischerboot.

Schwertwale sind gefährliche Räuber.
Manche nennen sie auch
Mörderwale oder Killerwale.
Sie fressen Fische,
Pinguine und sogar große Bartenwale.
Am liebsten mögen sie Robben und Seelöwen.

Leicht könnten sie
auch einen Menschen verschlingen.
Doch das ist bisher nie vorgekommen.

Im Meereszoo
lassen sich die Schwertwale
sogar streicheln.
Und sie tun
auch den anderen Delfinen nichts,
die sie sonst jagen.

Weltenbummler

Wale und Delfine
sind in allen Meeren zu Hause.
Den Sommer verbringen sie
in den kälteren Gewässern.
Dort gibt es den meisten Krill zu fressen.
Diese winzigen Krebse gedeihen nämlich
im kalten Wasser am besten.
Im Winter schwimmen die Wale
in wärmere Gewässer.
Hier bringen viele ihre Jungen zur Welt.
Im Laufe eines Jahres
ziehen die Wale einmal um die Erde.
Auf ihrer Wanderung
nehmen sie nur wenig Nahrung zu sich.
Sie zehren dann ihren Blubber auf.
Das ist die dicke Speckschicht,
die sie sich angefressen haben.

Ein Wal kommt auf die Welt

Die Babys von Walen und Delfinen
wachsen im Bauch ihrer Mütter heran.
Nach etwa einem Jahr werden sie geboren.
Ein Delfinbaby ist bei der Geburt
fast halb so lang wie seine Mutter.
Und das Neugeborene eines Blauwals
wiegt schon mehr als ein Elefant.

Sofort nach der Geburt
muss ein Walbaby
an die Wasseroberfläche,
um zu atmen.
Die Mutter stößt es mit der Nase nach oben.
Meist helfen dabei andere Walkühe mit.

Nach dem ersten Atemzug
trinkt das Baby an den Zitzen der Mutter.
Da es unter Wasser nicht saugen kann,
wird ihm die Milch ins Maul gespritzt.
Nach ein paar Schlucken
taucht es zum Luftholen wieder auf.

Die meisten Wale leben in Familien
oder größeren Herden.
Die jungen Walkälber
schwimmen immer
dicht neben ihren Müttern.
Manche Walkühe tragen ihr Junges
auch auf dem Rücken.

In der Nähe der Mütter
fühlen sich die Jungen sicher
vor Haien und Schwertwalen.
Wenn eine Walmutter abtaucht,
um Nahrung zu suchen,
passen die anderen Walkühe
auf ihr Junges auf.

Die Sprache der Delfine

Wale und Delfine sind sehr kluge Tiere.
Sie haben sogar eine eigene Sprache.
Manchmal kann man
unten in einem Schiff hören,
wie sie sich miteinander unterhalten.
Es klingt dann wie ein Pfeifen
oder wie das Quietschen einer Tür.
Oder es klickt,
wie wenn wir mit den Fingern schnippen.
Die meisten Laute der Delfinsprache
können wir gar nicht hören.
Die Töne sind für unser Ohr viel zu hoch.
Delfine hören fünf Mal so gut wie ein Hund
und zehn Mal so gut wie ein Mensch.

Was sich die Wale und Delfine
in ihrer Sprache wohl erzählen?
Vielleicht,
wo ein großer Schwarm Fische zu finden ist.
Oder sie warnen einander
vor einem Fischernetz.

Manchmal ruft ein Wal auch um Hilfe,
weil er in Gefahr ist.
Dann schwimmen alle Verwandten herbei,
um ihn zu retten.
Wenn der Wal verletzt ist,
versuchen die anderen,
ihn über Wasser zu halten.
Er kann dann atmen
und erholt sich vielleicht wieder.

Wale und Delfine
stoßen ihre Laute auch aus,
um sich im Meer zurechtzufinden.
Sie haben eine Echopeilung
wie die Fledermäuse.

Werden die Laute
von einem Hindernis zurückgeworfen,
dann fangen die Tiere das Echo auf.
Auf diese Weise
können sie dem Hindernis ausweichen.
Deshalb schwimmen Wale und Delfine
in einem engen Wasserbecken
nicht gegen die Wände.

Schnelle Schwimmer

Wale und Delfine
gehören zu den schnellsten Schwimmern.
Viele sind im Wasser schneller
als ein Radfahrer auf dem Land.
Wenn ein Schwertwal Robben jagt,
rast er wie ein Motorboot heran.

Manchmal kann er
nicht mehr rechtzeitig bremsen.
Dann landet er auf dem Strand.
Gelangt der Wal nicht
bald zurück ins Wasser,
dann muss er sterben.
Er wird von seinem eigenen Gewicht
totgedrückt.

Immer wieder stranden Wale an der Küste.
Manchmal kommen Leute,
um ihnen zu helfen.
Sie halten die Tiere
mit nassen Tüchern feucht,
bis das Meer bei der nächsten Flut
wieder ansteigt.
Vielleicht kann der gestrandete Wal
dann wegschwimmen.

Der schlimmste Feind

Wale und Delfine
sind die lustigsten Tiere im Meer.
Manchmal begleiten sie
ein Schiff auf dem Ozean.
Dabei machen sie immer wieder
Luftsprünge.

Oder sie schlagen so oft
mit der Schwanzflosse auf das Wasser,
bis es schäumt.
Oder sie strecken den Kopf aus den Wellen,
um sich die Menschen auf dem Schiff
anzuschauen.
Sie scheinen sich zu freuen,
wenn sie Menschen sehen.

Wale und Delfine
sind überhaupt nicht scheu.
Deshalb kommen Walfänger
auch ganz dicht an die Tiere heran.
Sie schießen sie dann
mit ihren Harpunen tot.
Und Tierfänger drängen die Kälber
von ihren Müttern ab,
um sie einzufangen.

Schützt die Wale!

Früher wurden die Wale überall gejagt.
Große Walfangschiffe
fuhren auf das Meer hinaus,
um Wale zu töten.
Die Walfänger hatten es
auf die dicke Speckschicht der Tiere
abgesehen.
Daraus wurde Tran gekocht
für Margarine und Seife,
für Schuhcreme und Maschinenöl.
Für manche Völker
ist das Walfleisch ein Leckerbissen.

Immer mehr Wale wurden getötet.
Nur noch wenige blieben übrig.
Damit die Wale nicht aussterben,
wurden sie unter Schutz gestellt.
Dadurch konnten sie sich
wieder etwas vermehren.
Heute ist es fast
auf der ganzen Welt verboten,
Wale und Delfine zu jagen.
Aber nicht überall.

Den Tieren drohen noch andere Gefahren:
Delfine verfangen sich immer wieder
in Fischernetzen.
Viele Wale kommen auch um,
weil das Wasser so verschmutzt ist
und sie nicht genug zu fressen finden.
Die Menschen müssen
die Meere sauber halten
und mehr Rücksicht auf die Natur nehmen.
Sonst werden die Riesen der Meere
bald von der Erde verschwunden sein.

Male Wale

Alle Wale auf diesen beiden Seiten
kommen auch im Buch vor.
Male sie aus und schreibe
den richtigen Namen dazu.
Die Liste mit den ungefähren Größen
der Wale auf Seite 42 hilft dir dabei.
Und noch ein Tipp:
Jeder Punkt auf der Beschriftungslinie
bedeutet einen Buchstaben.

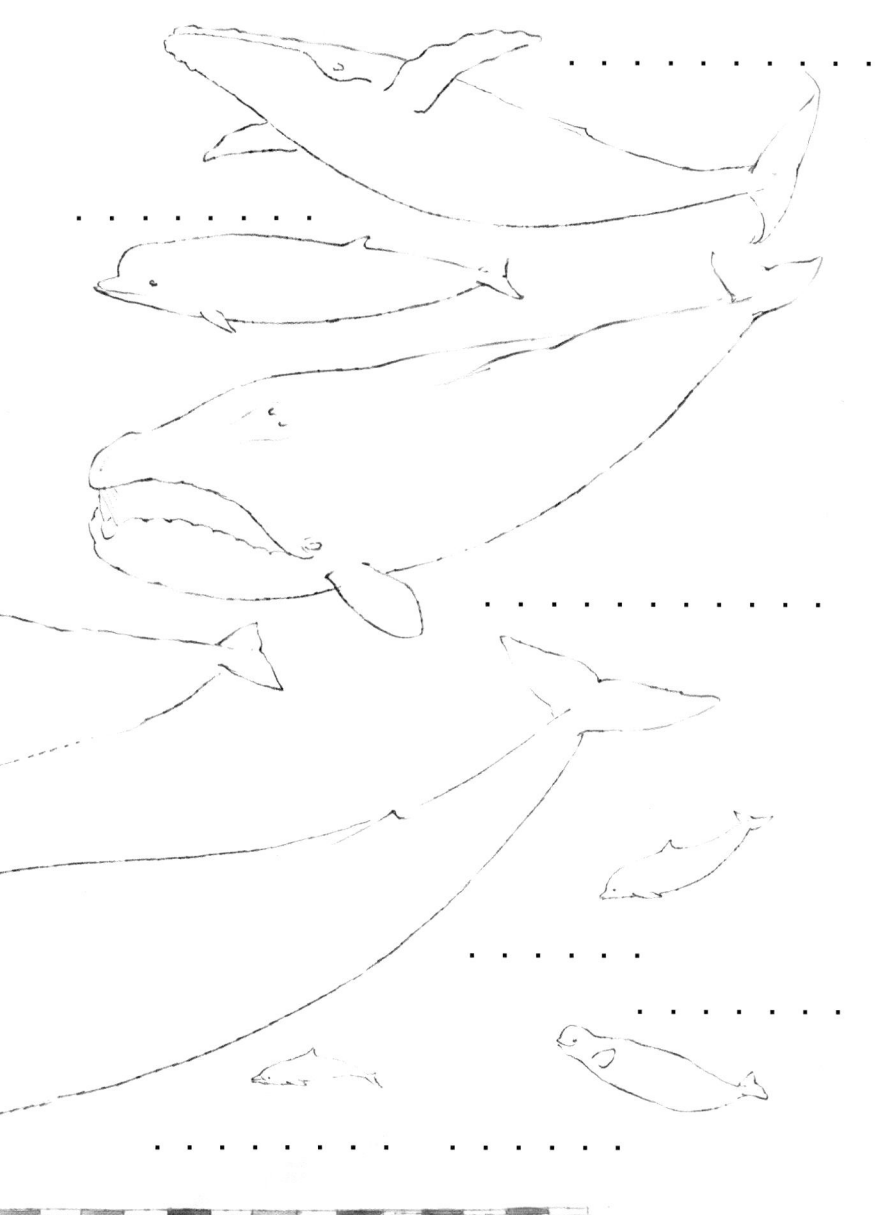

Blauwal	30 Meter
Pottwal	20 Meter
Grönlandwal	18 Meter
Buckelwal	16 Meter
Entenwal	10 Meter
Schwertwal	10 Meter
Weißwal	5 Meter
Narwal	5 Meter
Großer Tümmler	4 Meter
Gemeiner Delfin	3 Meter

Maria Seidemann

Das Leben im Mittelalter

Das Mittelalter ist die große Zeit der Ritter. Es ist aber auch die Zeit mächtiger Könige, armer Bauern, fahrender Händler, frommer Mönche und vieler anderer Menschen. Dieses Buch erzählt interessante Geschichten aus einer spannenden Zeit: vom regen Handel der Kaufleute, von der Geschicklichkeit der Handwerker und von den gefährlichen Reisen der Pilger.

48 Seiten • Gebunden • Ab 6 Jahren • Mit zahlreichen farbigen Illustrationen

ISBN 978-3-401-06281-5

www.arena-verlag.de

Arena

DAS WILL ICH WISSEN

Hauke Kock

Die Wikinger

Wer waren die Wikinger? Warum waren sie in ganz
Europa als kämpferisches Volk gefürchtet? Und welche
Entdeckungen machten die geschickten Schiffsbauer
auf See? Dieses Buch erzählt vom Alltagsleben der
Wikingerfamilien in ihrer Heimat, von den Seefahrten
der wilden Nordmänner ins Ungewisse und von
neuen unerforschten Ländern.

48 Seiten • Gebunden • Ab 6 Jahren • Mit zahlreichen farbigen Illustrationen

ISBN 978-3-401-06284-6

www.arena-verlag.de

Arena

Burghard Bartos

Auf dem Ponyhof

Maries sehnlichster Wunsch geht in Erfüllung:
Für eine Woche darf sie auf dem Ponyhof Reiterferien
machen. Dort lernt sie nicht nur reiten, sie erfährt auch
viel über die Arbeit und das Leben auf einem Ponyhof.
Und alle kleinen Pferdefans lernen mit ihr alles über
Sattel und Zaumzeug, über Fütterung und Pferdepflege.

48 Seiten • Gebunden • Ab 6 Jahren • Mit zahlreichen farbigen Illustrationen

ISBN 978-3-401-06282-2

www.arena-verlag.de

Arena

Margot Hellmiß

Die Feuerwehr

Tatütata, die Feuerwehr …
Hier erfahren Kinder, was Feuerwehrleute alles
machen – vom Feuerlöschen bis zum Einfangen
entlaufener Zootiere. Die Leserinnen und Leser begleiten
die Feuerwehrmänner bei spannenden Einsätzen und
lernen auf anschauliche Weise die Aufgaben und
die Ausrüstung der Feuerwehr kennen.

48 Seiten • Gebunden • Ab 6 Jahren • Mit zahlreichen farbigen Illustrationen
ISBN 978-3-401-06286-0
www.arena-verlag.de

Arena

Rainer Crummenerl

Die Erde, unser Planet

Warum ist unsere Erde ein ganz besonderer Planet?
Was befindet sich im Inneren der Erde? Wie sind
die Meere und Kontinente, Berge und Flüsse entstanden?
Und warum gibt es Erdbeben und Vulkane, Gewitter und
Wirbelstürme? Mit vielen Erklärungen und aufschluss-
reichen Illustrationen zeigen diese Sachgeschichten
ein spannendes Bild unseres blauen Planeten.

48 Seiten • Gebunden • Ab 6 Jahren • Mit zahlreichen farbigen Illustrationen

ISBN 978-3-401-06283-9

www.arena-verlag.de